Vögel

AF103703

Malbuch für Kinder

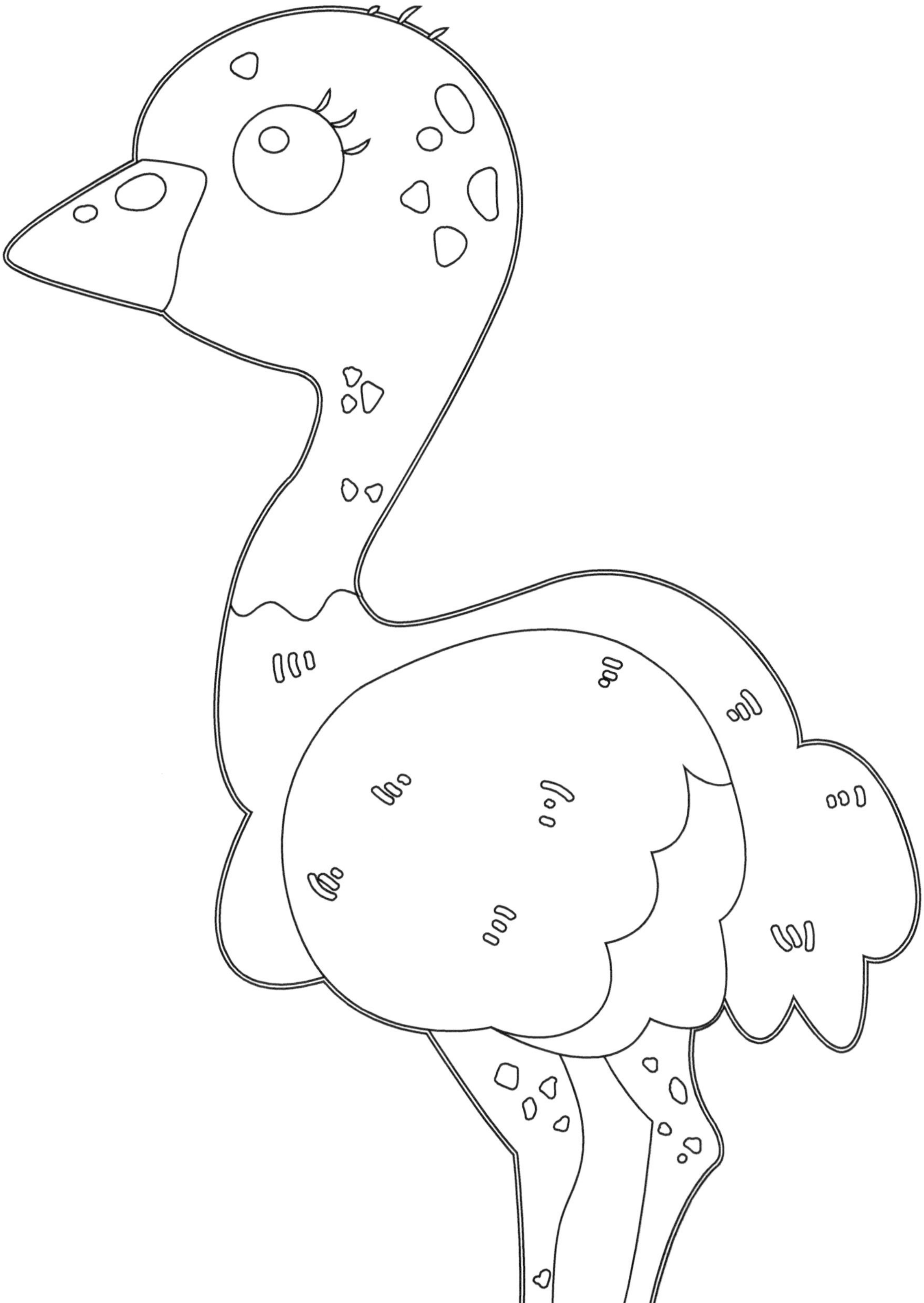

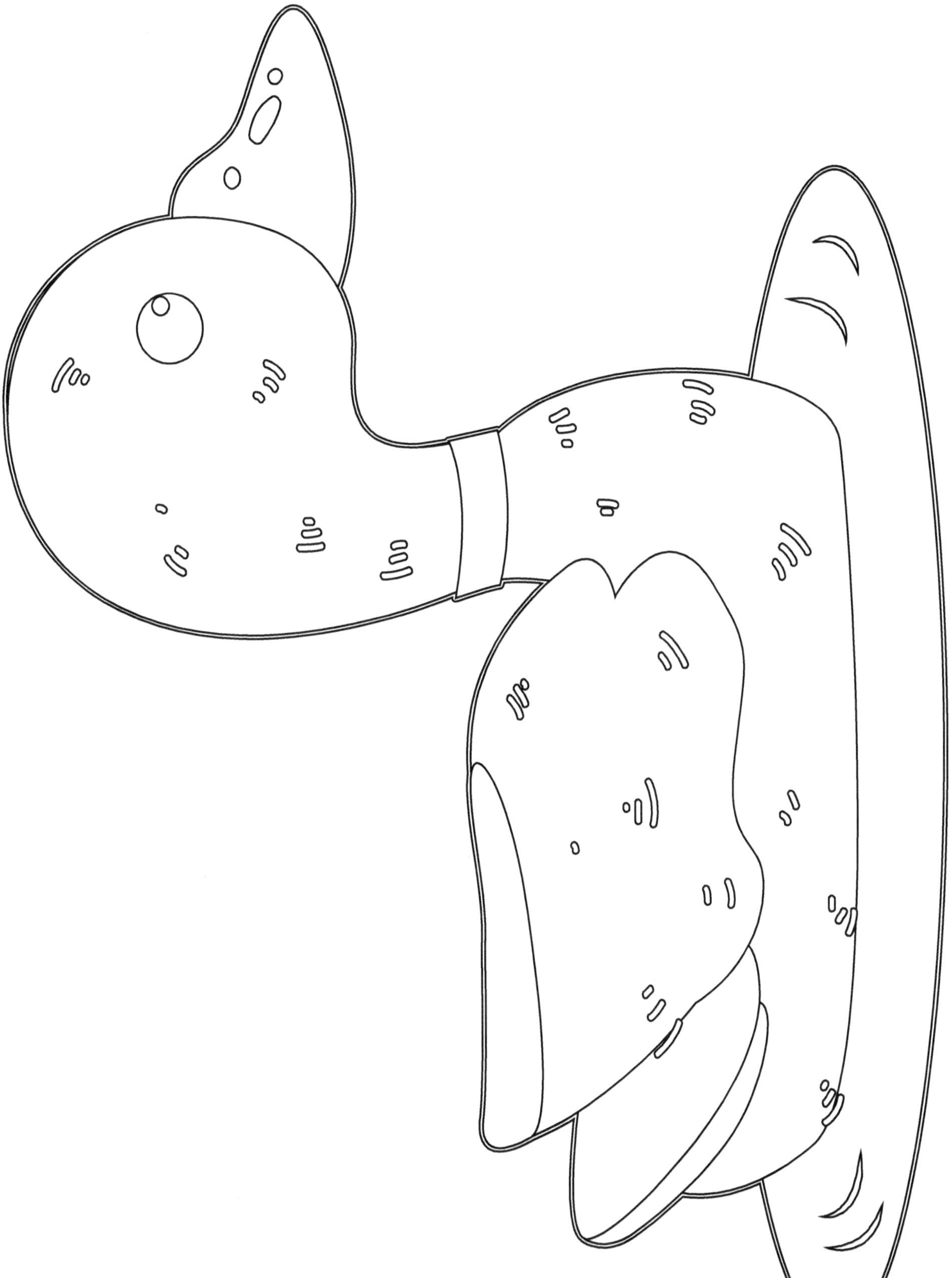

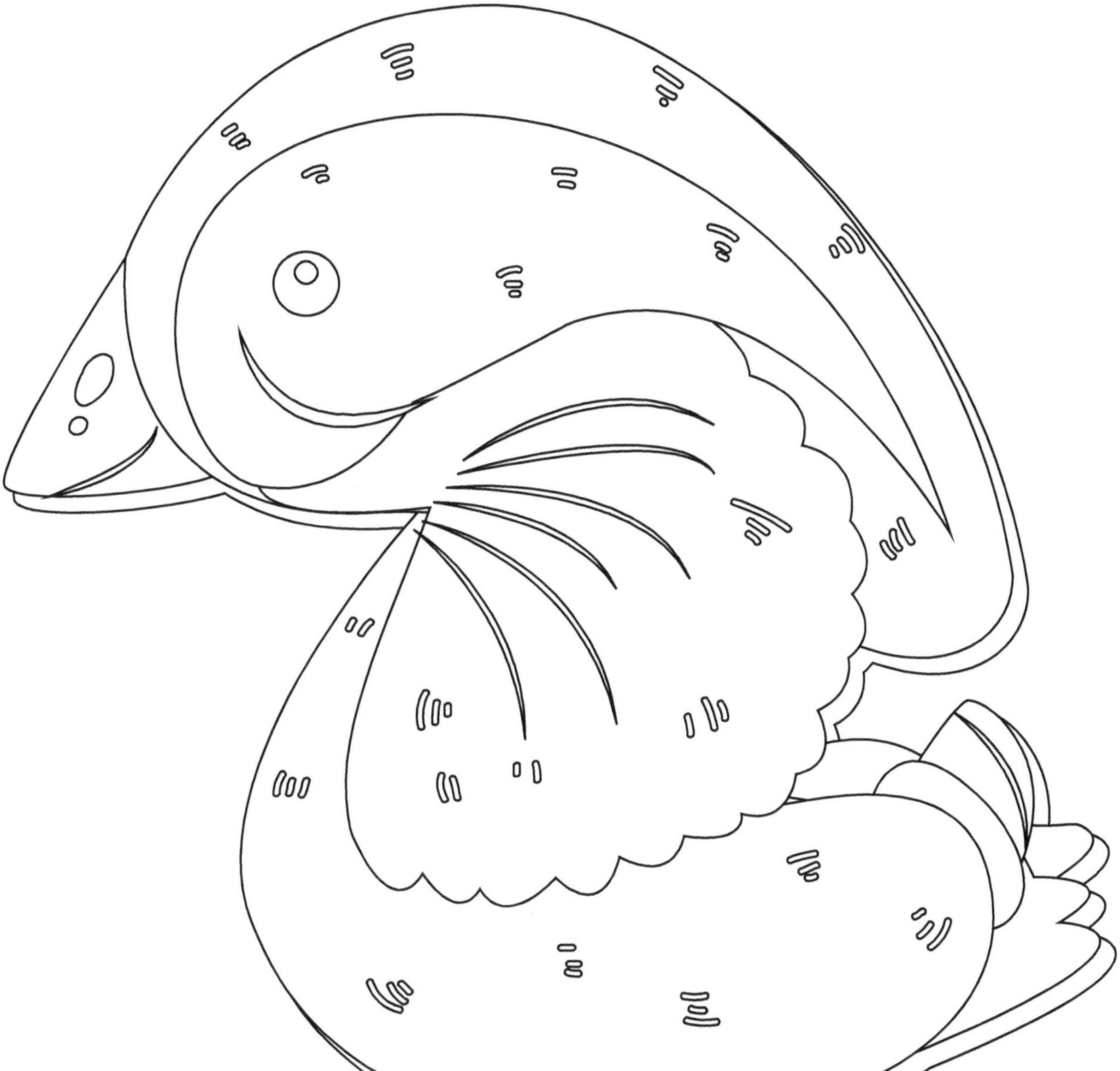

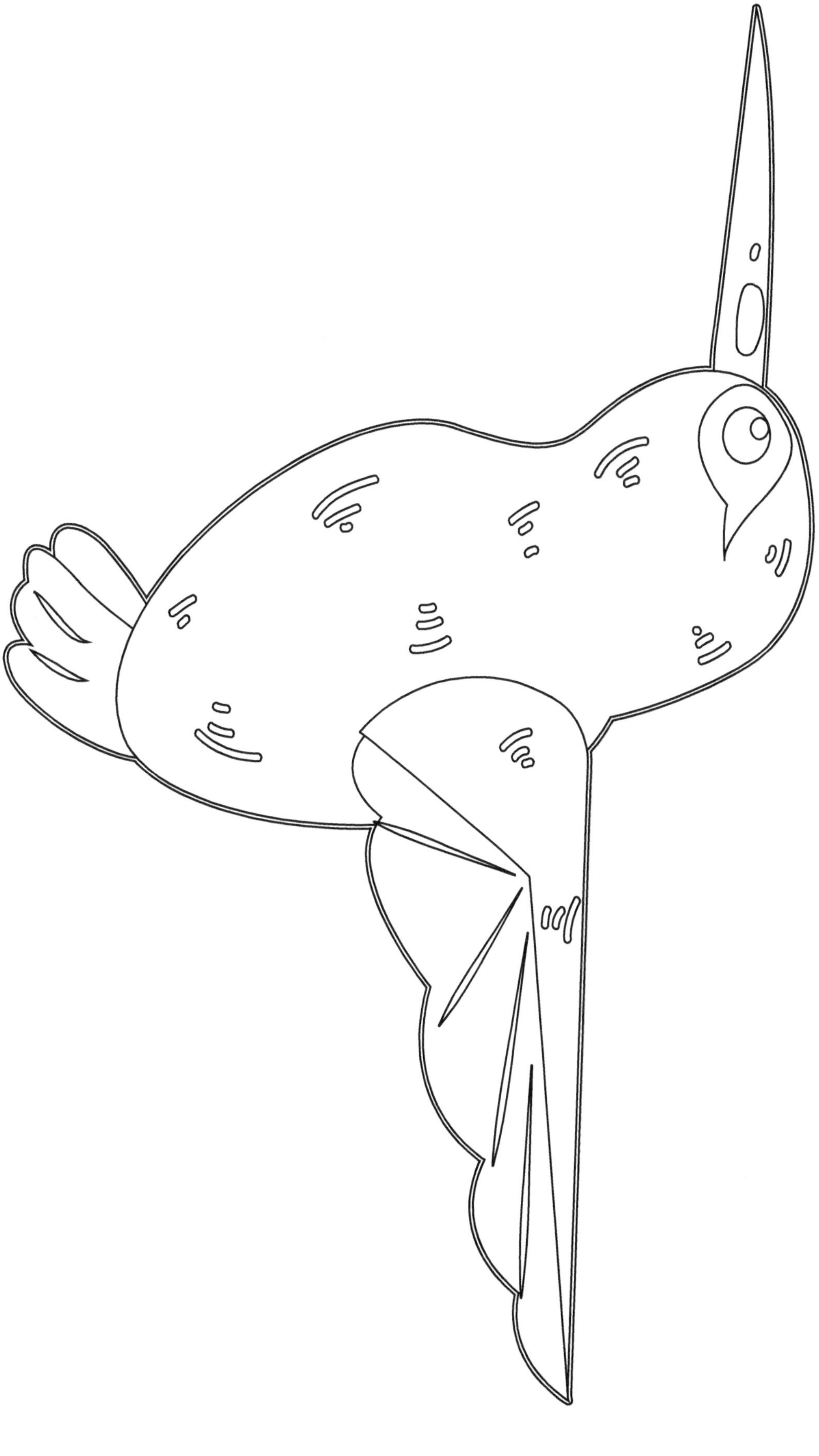

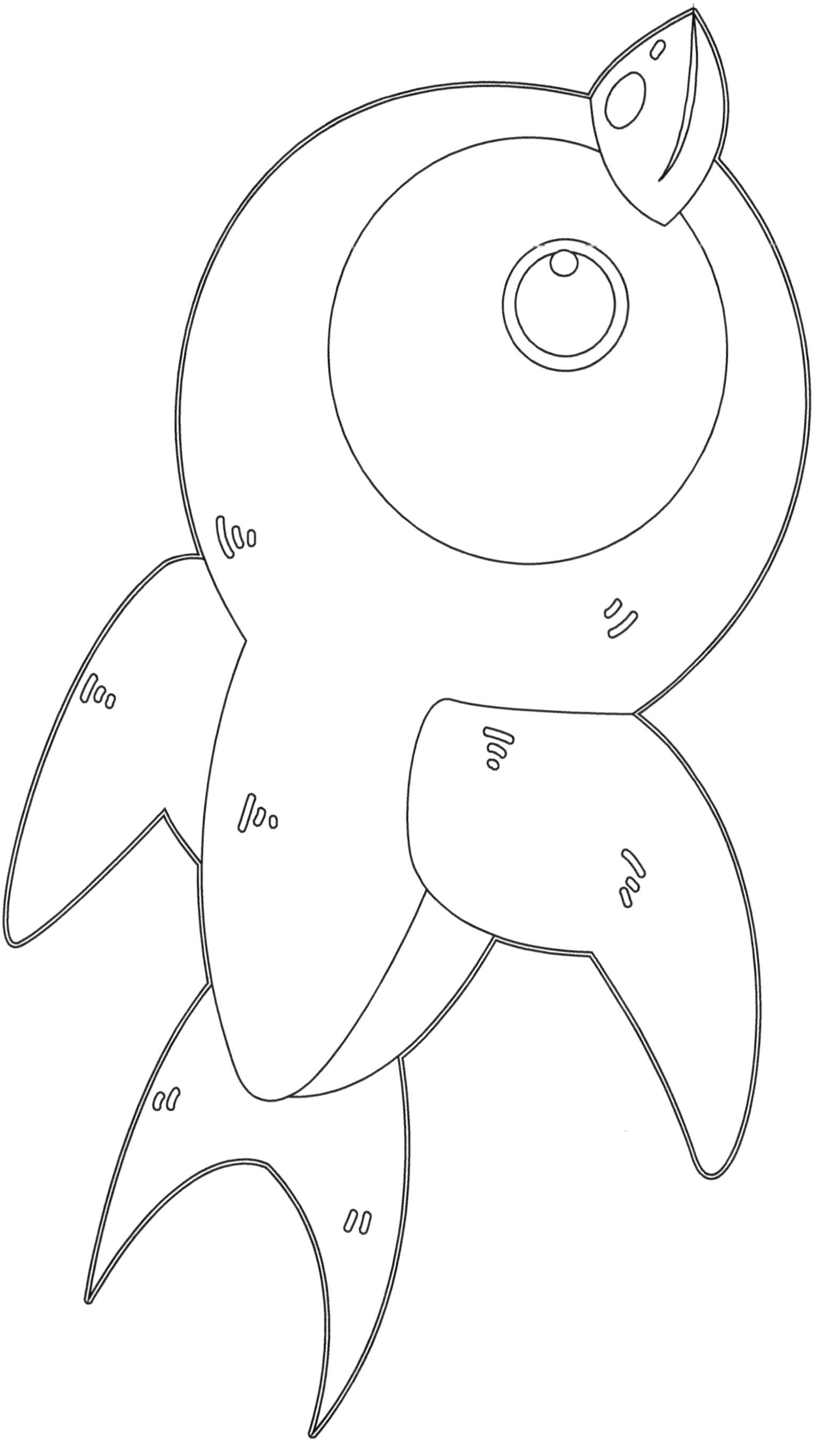

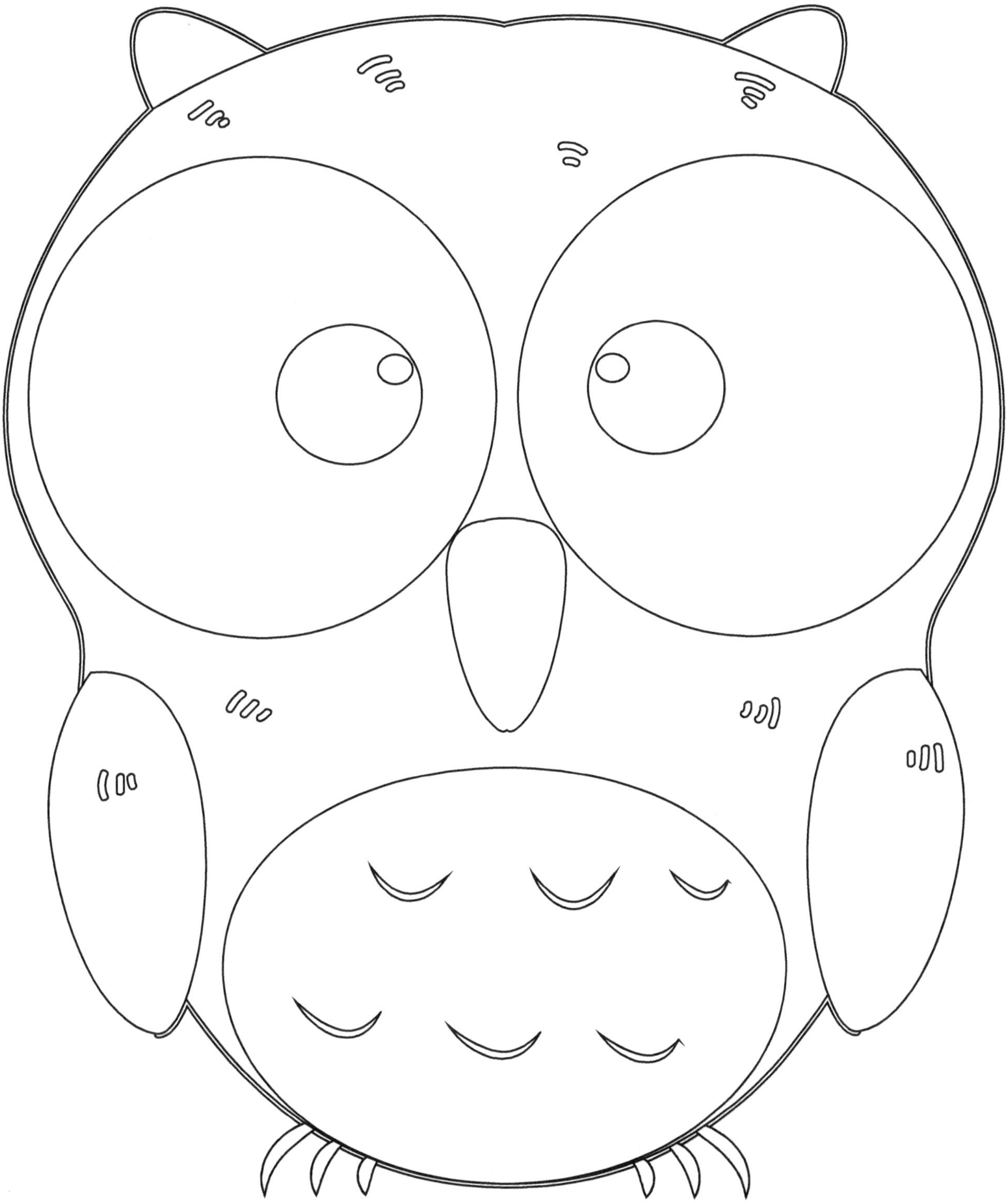

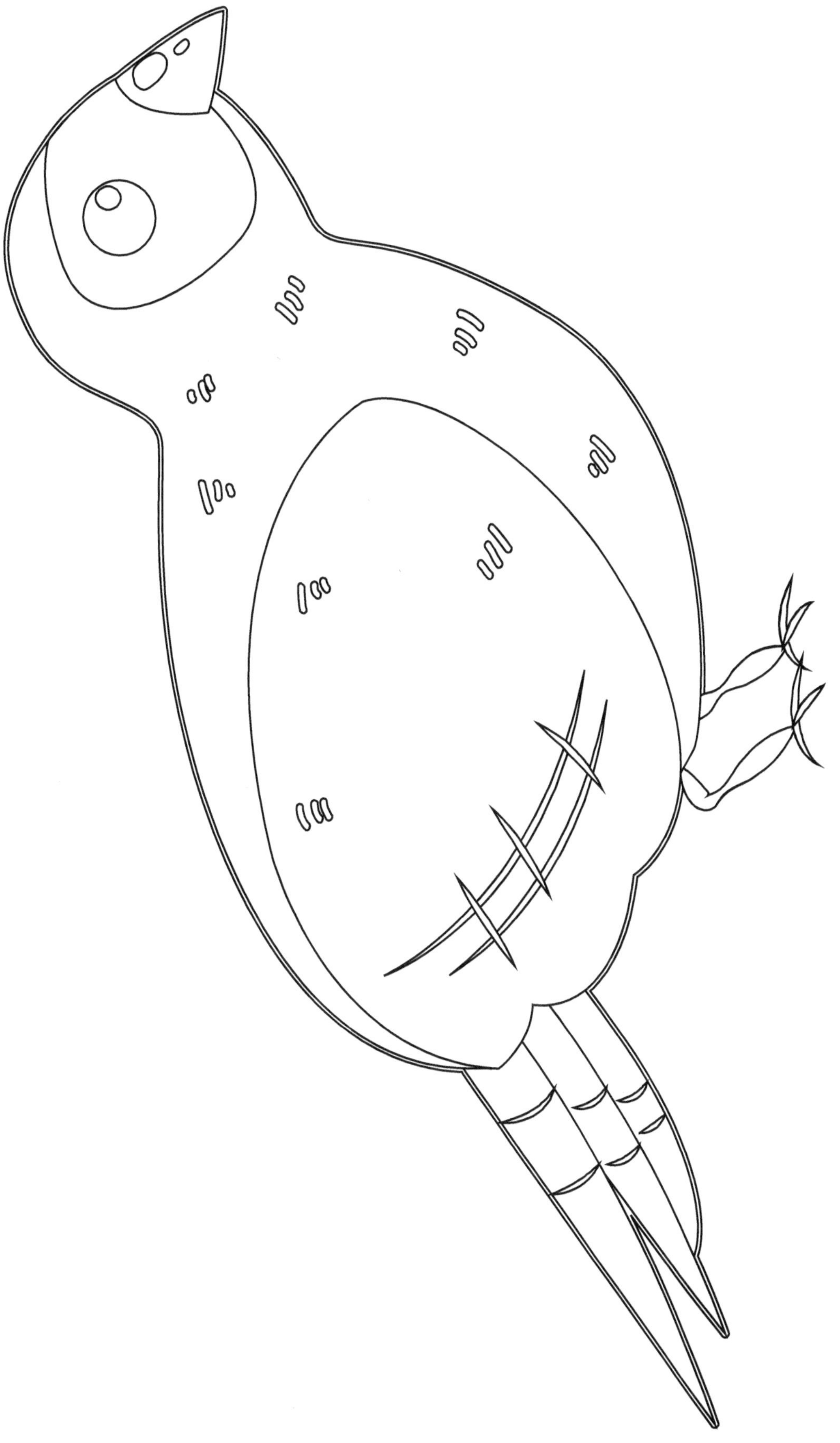

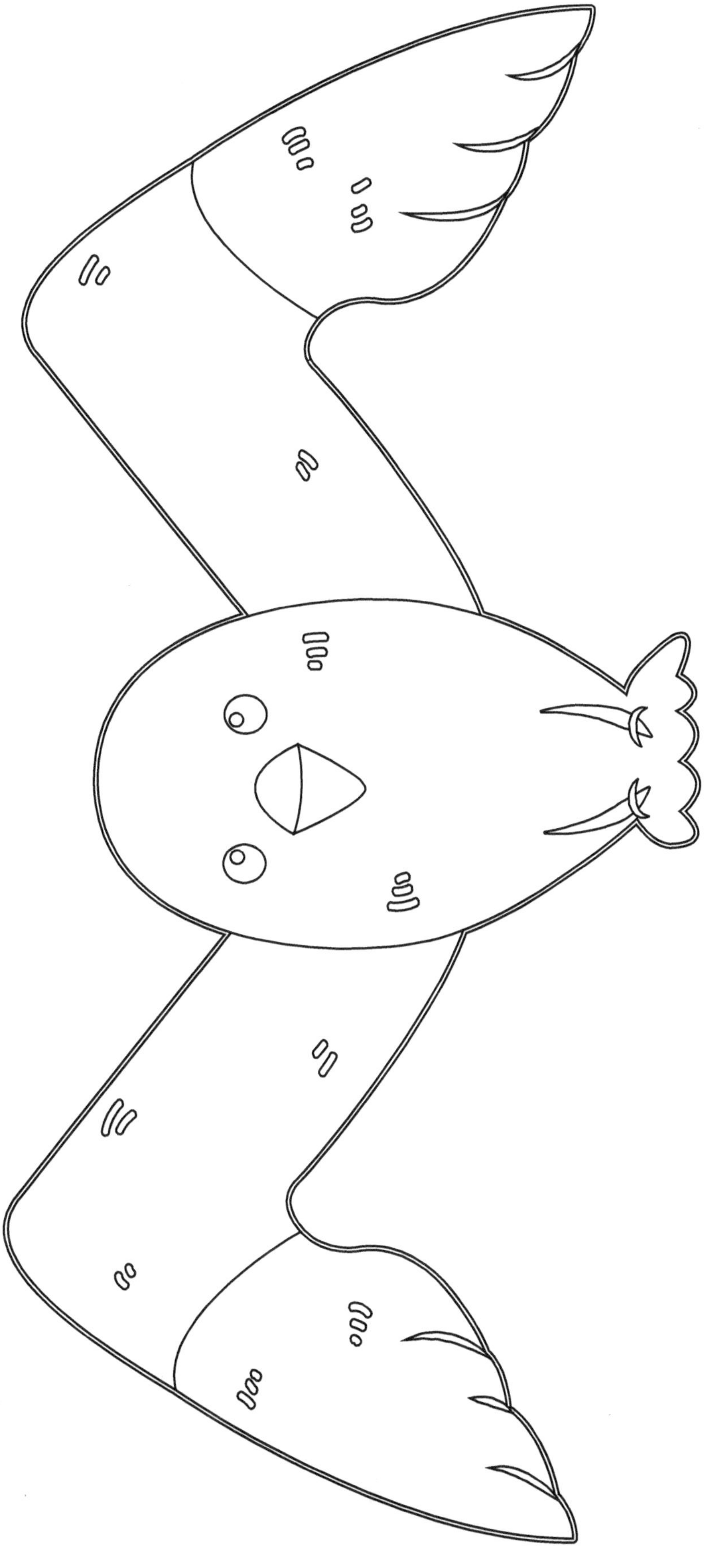

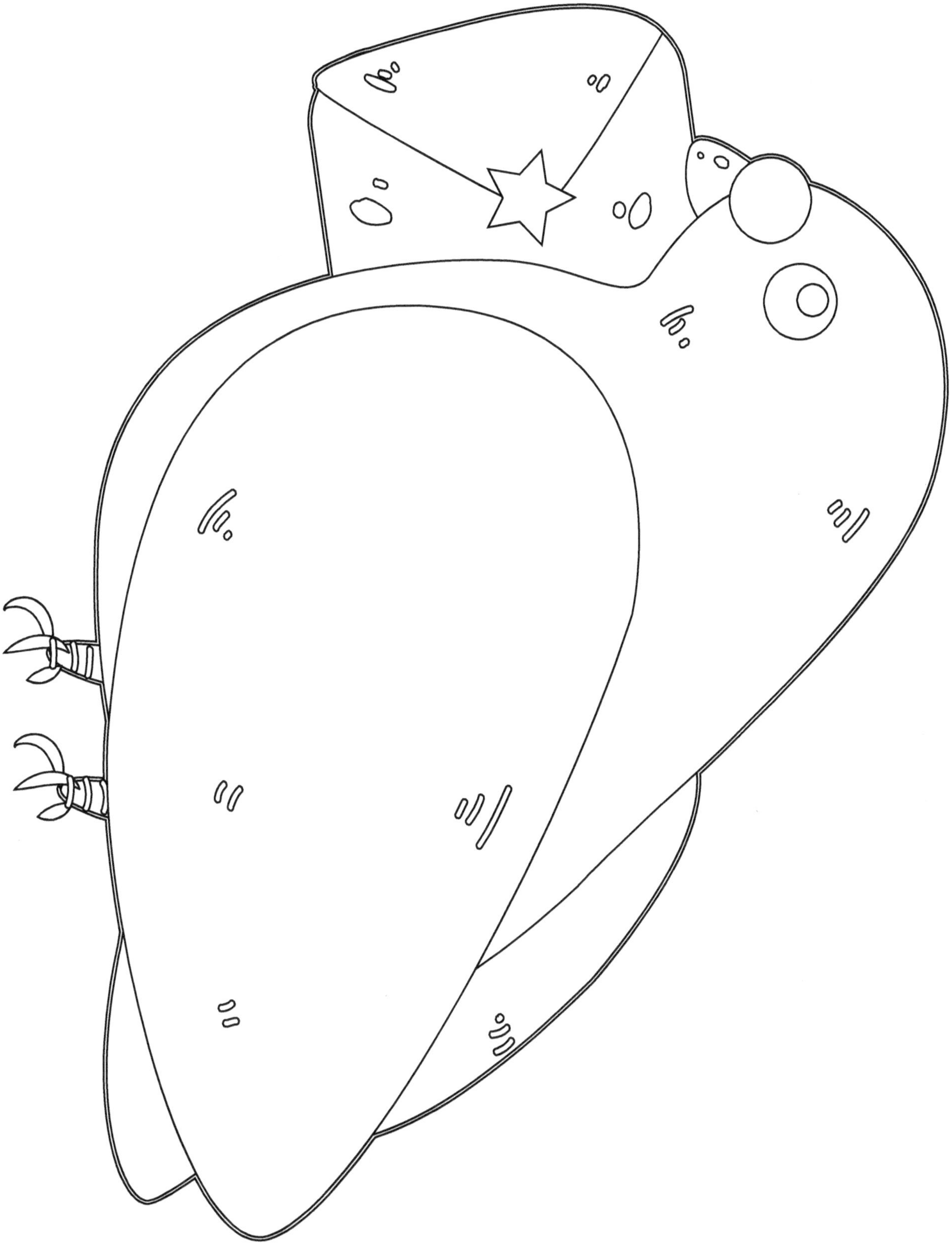

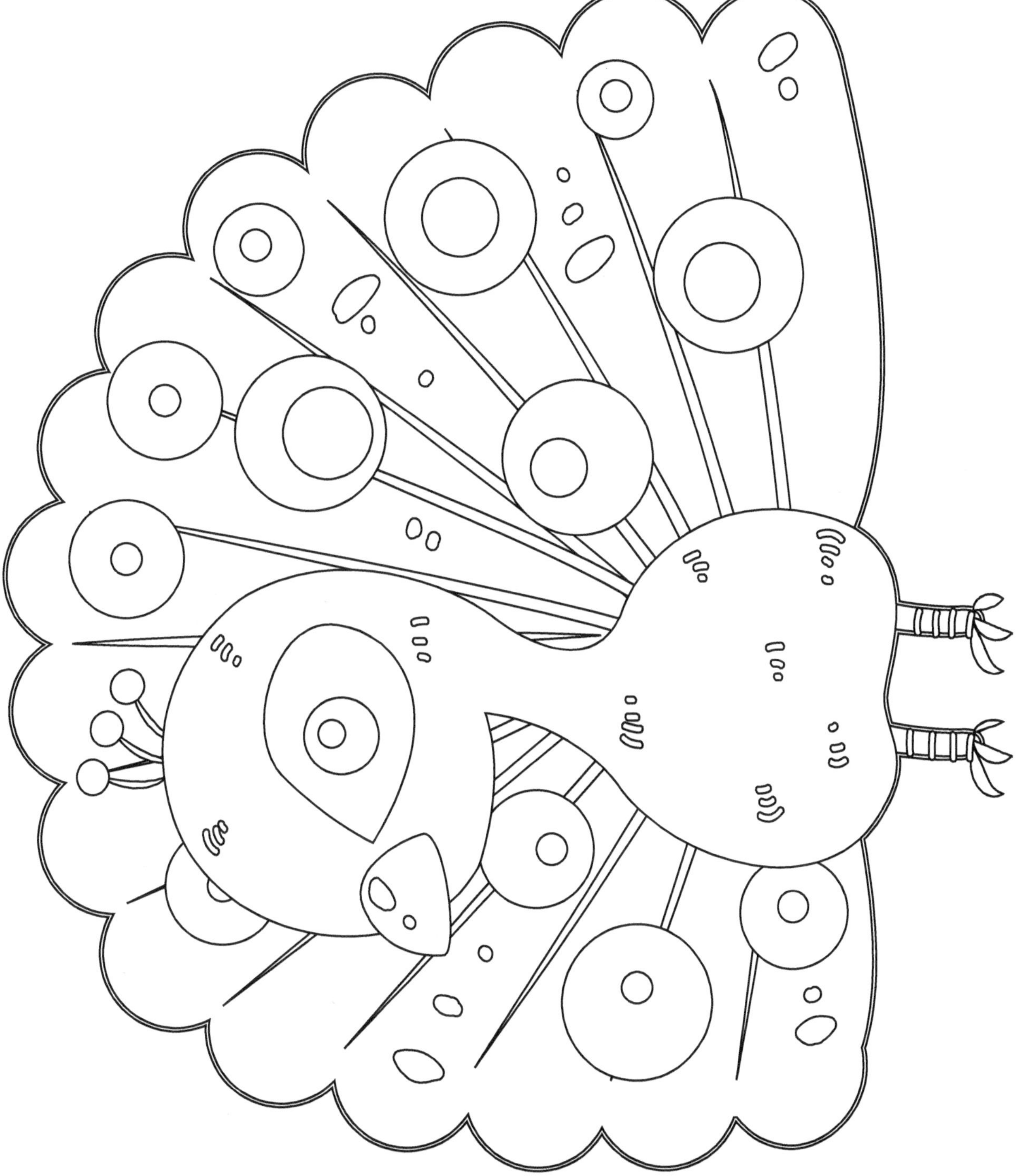

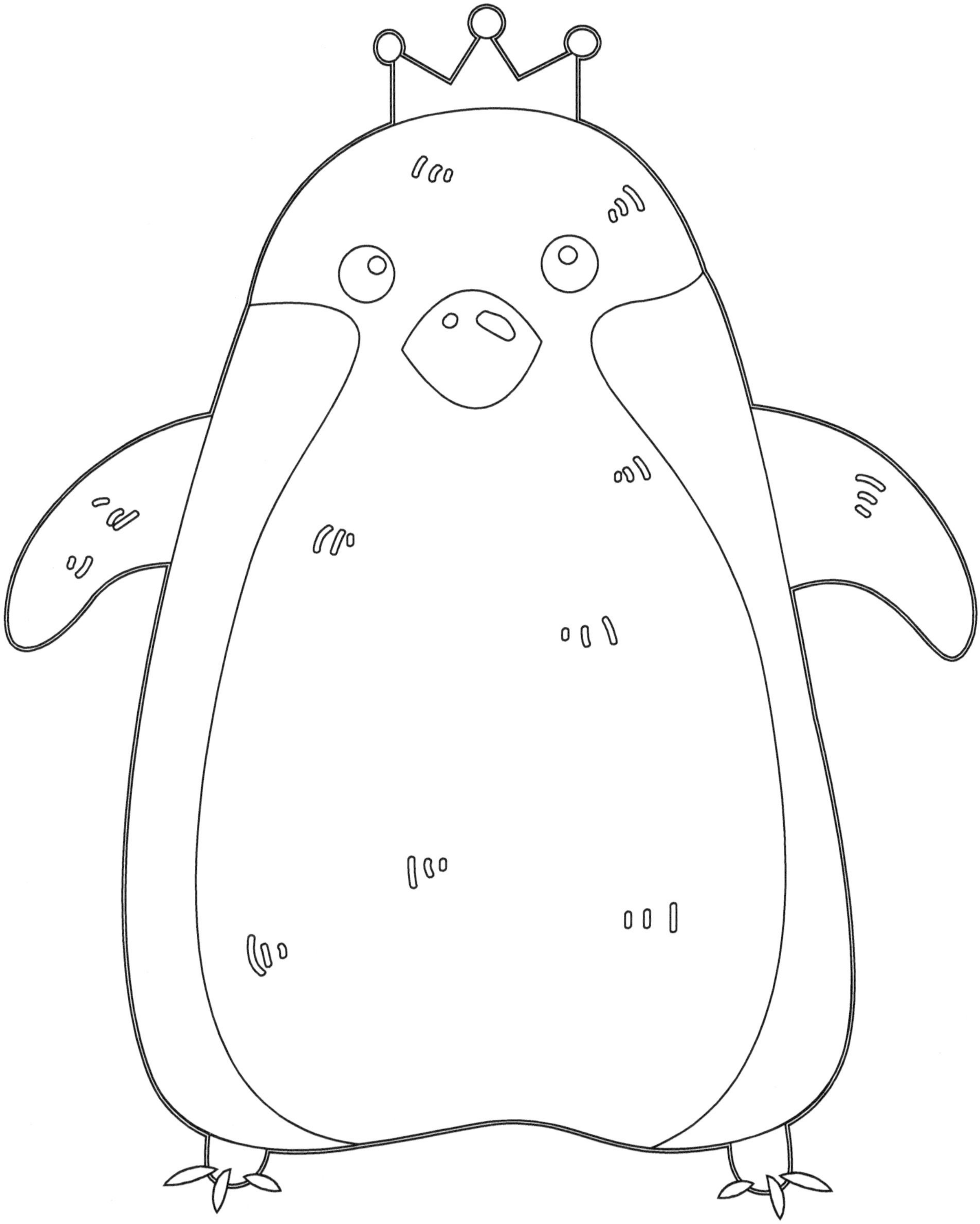

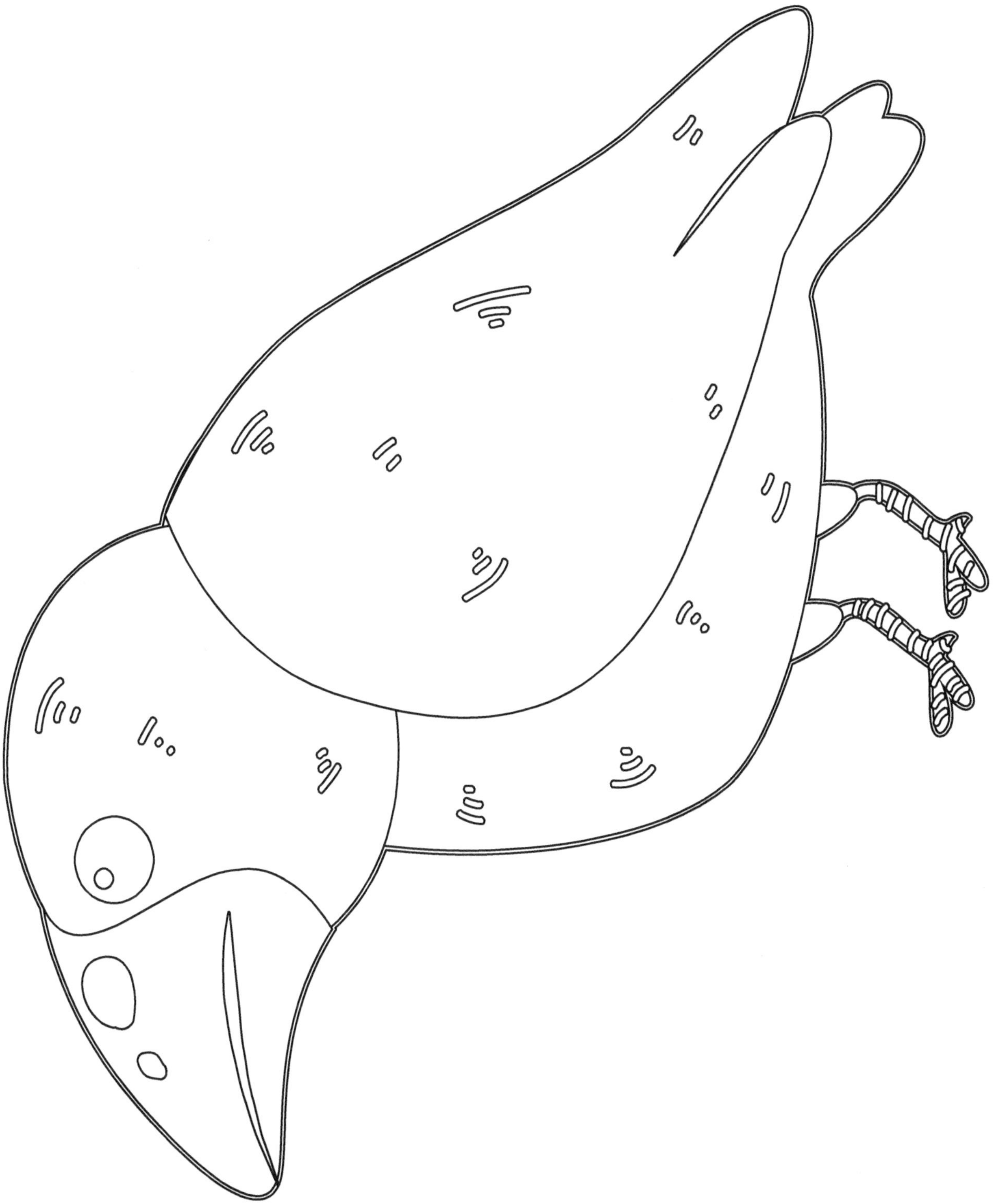

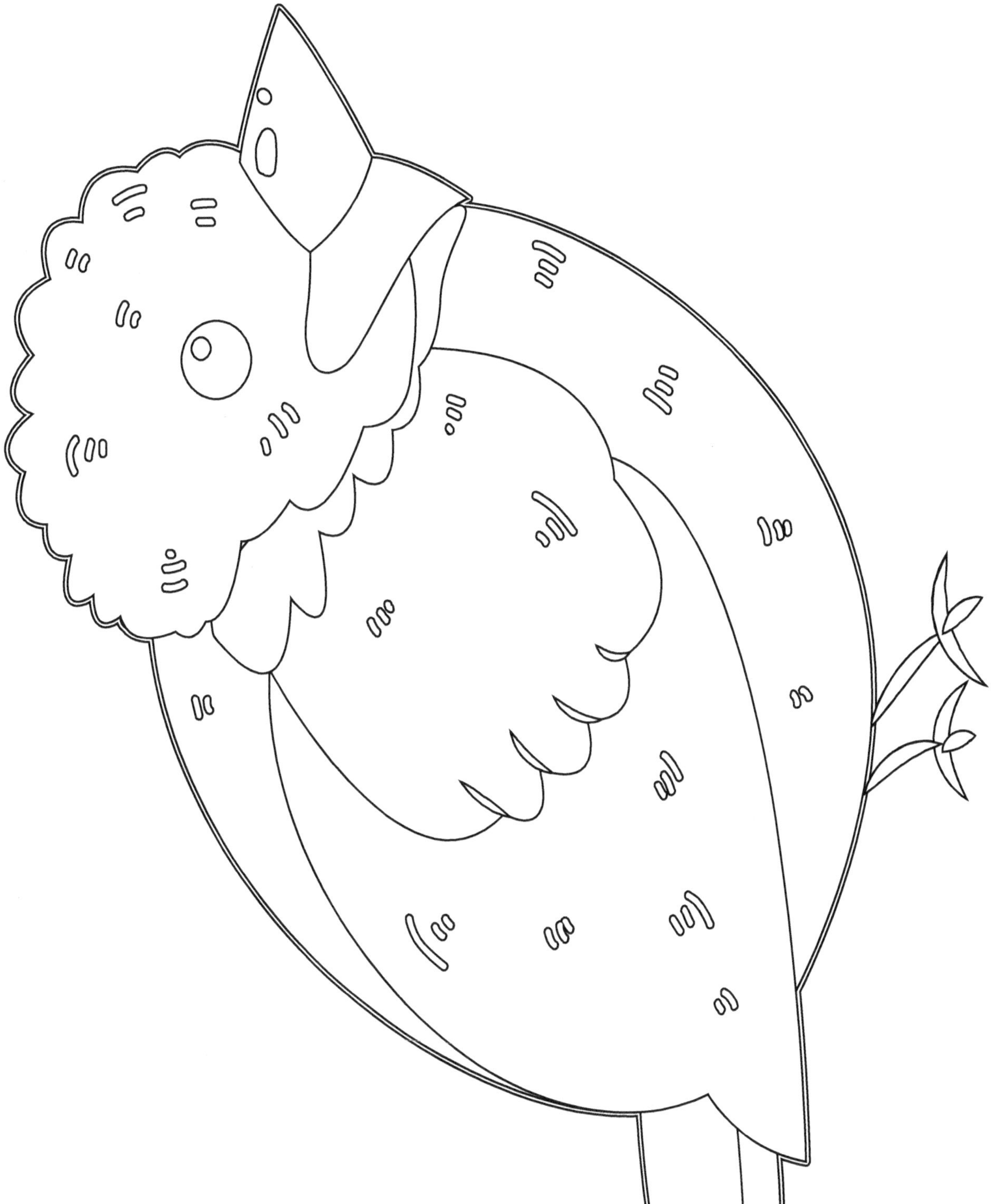

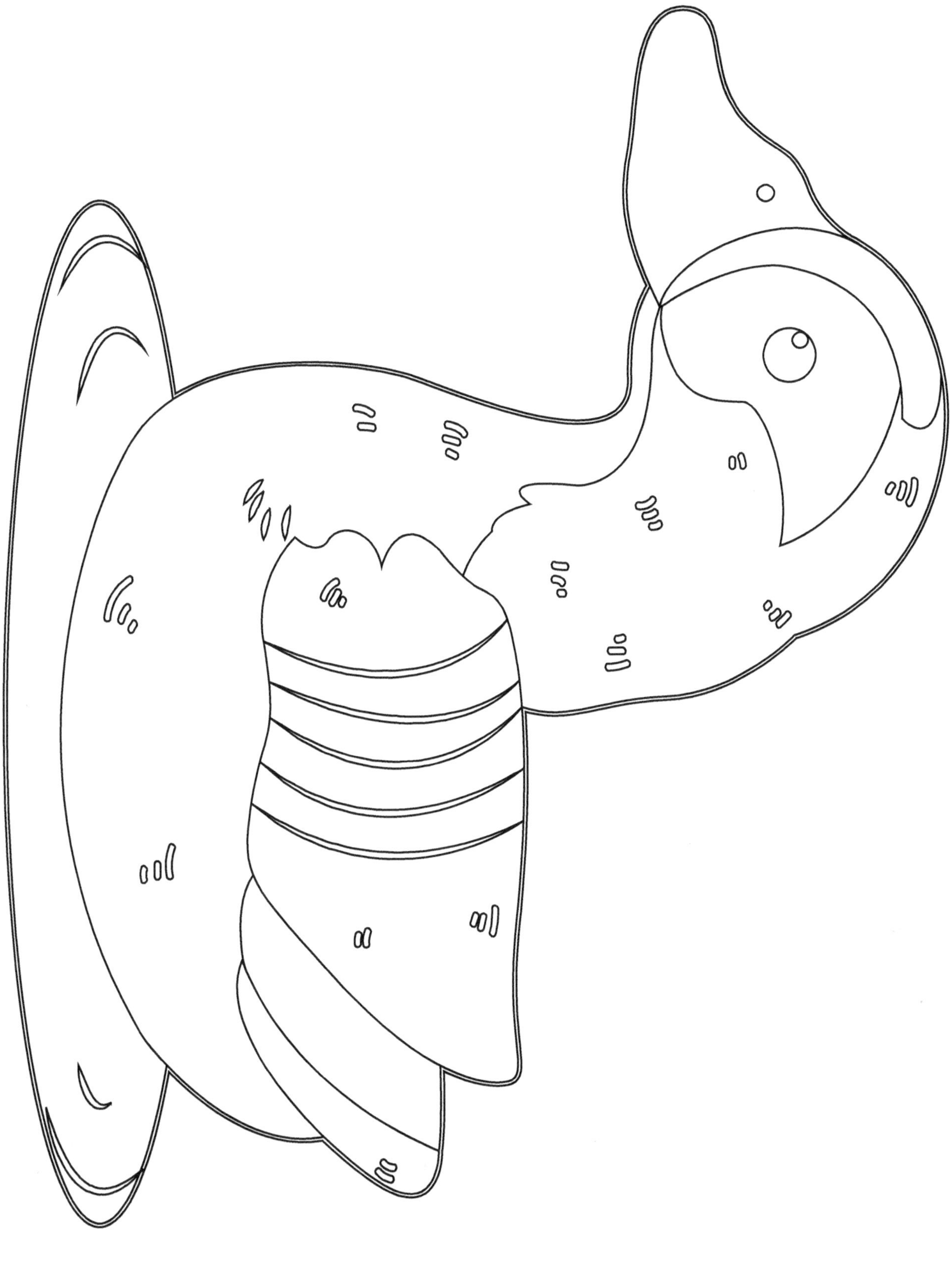

www.ingramcontent.com/pod-product-compliance
Lightning Source LLC
LaVergne TN
LVHW081545060526
838200LV00048B/2213
* 9 7 8 1 6 8 2 1 2 2 7 0 9 *